Cette Fabrique à Souvenirs appartient à :

....

Offerte par :

....

**Bienvenue dans Ma Fabrique à Souvenirs,
conçue pour capturer et conserver vos moments précieux.**

À travers 50 expériences proposées, vous pourrez documenter, à votre rythme, chaque instant marquant de votre vie.

Sur chaque page de gauche, une expérience vous attend, accompagnée d'espaces à compléter : où, quand, avec qui, ainsi qu'une description libre. Pour traduire vos émotions, des smileys à colorier vous aideront à refléter avec simplicité l'intensité de vos ressentis.

La page de droite est dédiée à vos souvenirs visuels. Vous pourrez y coller des photos, dessins, billets d'entrée, cartes de visite, cartes postale ou tout autre élément qui ancrera encore plus vos souvenirs dans la réalité.

À la fin du livre, une expériences inédite est laissée à votre imagination, à créer et personnaliser selon vos envies.

Ce carnet vous invite à savourer et célébrer chaque souvenir important.

Alors, prenez votre stylo, vos photos, et commencez dès maintenant à façonner votre Fabrique à Souvenirs.

> *La vie est une collection de moments, des souvenirs tissés dans le temps. Créez-les, chérissez-les, partagez-les.*

 2024, Virginie FRATELLI

Tous droits de reproduction, d'adaptation et de traduction, intégrale ou partielle réservés pour tous pays. Le Code de la propriété intellectuelle interdit les copies ou reproductions destinées à une utilisation collective. Toute représentation ou reproduction intégrale ou partielle faite par quelque procédé que ce soit, sans le consentement de l'auteur ou de ses ayant droit ou ayant cause, est illicite et constitue une contrefaçon, aux termes des articles L.335-2 et suivants du Code de la propriété intellectuelle. Toute infraction à ces droits constitue une contrefaçon passible de sanctions civiles et pénales.

Impression : Libri Plureos GmbH, Friedensallee 273, 22763 Hamburg (Allemagne)

Édition : BoD · Books on Demand, 31 avenue Saint-Rémy, 57600 Forbach, bod@bod.fr
ISBN : 978-2-3225-3328-2
Dépôt légal: Septembre 2024

Un immense merci

Merci d'avoir choisi Ma Fabrique à Souvenirs. Ce carnet a été conçu avec soin pour vous accompagner dans la création de vos souvenirs, vous offrir des moments de pause et des expériences qui enrichissent votre quotidien.

Chaque avis que vous laissez est précieux. Si vous souhaitez partager votre ressenti ou votre expérience, il vous suffit de scanner le QR code ci-dessous.

Même quelques mots ont une grande valeur : ils m'inspirent, m'encouragent et nourrissent mon chemin d'autrice.

Je prends le temps de lire chacun de vos retours avec beaucoup d'attention car ils sont pour moi une source inestimable de motivation.

Vous pouvez aussi partager des extraits de votre Fabrique sur TikTok avec les hashtags #VirginieFratelli ou #MaFabriqueASouvenirs. Voir votre Fabrique prendre vie à travers vos souvenirs est une immense récompense.

Merci de faire partie de cette belle aventure.
Ensemble, donnons vie à des souvenirs uniques!

Virginie Fratelli

SOMMAIRE

1. Visiter un château historique.
2. Participer à un escape game.
3. Organiser un pique-nique en pleine nature.
4. Essayer un nouveau sport.
5. Prendre un cours de cuisine avec un chef.
6. Visiter un musée d'art contemporain.
7. Aller voir un film en plein air.
8. Fabriquer un cerf-volant et le faire voler.
9. Aller au bowling.
10. Assister à un concert en plein air.
11. Explorer une grotte ou une falaise.
12. Prendre le temps d'observer un lever ou coucher de soleil.
13. Faire une randonnée en montagne ou en forêt.
14. Organiser une soirée jeux de société.
15. Participer à une course à pied ou un événement sportif local.
16. Faire une séance photo thématique en pleine nature.
17. Déguster des produits locaux sur un marché fermier ou dans une cave chez un artisan.
18. Observer les étoiles avec un télescope ou à l'œil nu lors d'une nuit à la belle étoile.
19. Préparer un dîner aux chandelles à la maison.
20. Visiter une ville inconnue pour un week-end.
21. Faire une balade à cheval.
22. Organiser une soirée à thème avec des amis.
23. Passer une journée déconnectée de la technologie.

SOMMAIRE

24. Organiser une soirée karaoké en famille ou entre amis.
25. Visiter un refuge pour animaux et y faire du bénévolat.
26. Jouer au mini-golf.
27. Aller à la pêche.
28. Assister à une pièce de théâtre ou un spectacle en direct.
29. Tester un restaurant ou une cuisine exotique.
30. Faire une balade en bateau, pédalo, jet ski ou canoë.
31. Suivre un cours de danse en couple ou entre amis.
32. Passer une nuit insolite dans un hébergement atypique (cabane, camping, yourte, bulle sous les étoiles...).
33. Apprendre à faire de la méditation en pleine conscience dans un parc.
34. Se déguiser pour Halloween.
35. Participer à un atelier créatif (peinture, dessin, poterie, écriture...).
36. Organiser une chasse aux œufs ou une chasse aux trésors pour adultes ou enfants.
37. Visiter un marché de Noël féérique.
38. Cuisiner une spécialité exotique.
39. Passer un moment détente (spa, hammam,...)
40. Planter un arbre ou une plante.
41. Aller au ski ou à la patinoire.
42. Participer à une expédition "zéro déchet" pour ramasser les déchets dans un espace naturel.
43. Organiser un mini "road trip" d'une journée sans destination fixe.

SOMMAIRE

44. Prendre un bain de minuit dans un lac ou à la plage.
45. Organiser un dîner dans le noir pour éveiller les sens.
46. Tester le géocaching (chasse au trésor avec GPS) dans sa région.
47. Créer une capsule temporelle avec des objets du quotidien à rouvrir dans 10 ans.
48. Prendre une leçon de survie en forêt avec un guide local.
49. Faire un puzzle géant en couple, entre amis ou en famille (1000 pièces ou plus !).
50. Tester une séance de fitness aquatique ou d'aquagym pour s'amuser tout en faisant du sport.
51. Activité à personnaliser : laissez libre cours à votre imagination !

MINI-GUIDE
POUR MAXIMISER VOTRE FABRIQUE À SOUVENIRS

Voici quelques conseils pour profiter au maximum de votre Fabrique à Souvenirs :

Soyez Curieux
Ouvrez votre esprit aux nouvelles expériences. Chaque activité est une opportunité d'apprendre, de vous amuser... N'hésitez pas à sortir de votre zone de confort !

Documentez Chaque Instant
Notez vos pensées et émotions, ainsi que les petits détails qui rendent chaque moment unique.

Partagez vos Expériences
Impliquer vos amis et votre famille rendra les souvenirs encore plus mémorables.

Personnalisez Votre Carnet
Ajoutez des photos, tickets, cartes postales ou même des dessins. Faites de ce carnet un reflet de votre histoire.

Revivez vos Souvenirs
Prenez le temps de relire vos expériences et de vous replonger dans ces moments spéciaux.

1

VISITER UN CHÂTEAU HISTORIQUE

Quand ?
___ / ___ / ___

Où ?
_____

Avec qui ?
_____

Description de l'expérience :
_____
_____
_____
_____

La note que j'attribue : ♡ ♡ ♡ ♡ ♡

2
PARTICIPER À UN ESCAPE GAME

Quand ?
___ / ___ / ___

Où ?
_____

Avec qui ?
_____

Description de l'expérience :
_____
_____
_____
_____

La note que j'attribue : ♡ ♡ ♡ ♡ ♡

3
ORGANISER UN PIQUE-NIQUE EN PLEINE NATURE

Quand ?
___ / ___ / ___

Où ?
_____

Avec qui ?
_____

Description de l'expérience :
_____
_____
_____
_____

La note que j'attribue : ♡ ♡ ♡ ♡ ♡

4

ESSAYER UN NOUVEAU SPORT

Quand ?
___/___/___

Où ?
_____

Avec qui ?
_____

Description de l'expérience :
_____
_____
_____
_____

La note que j'attribue : ♡ ♡ ♡ ♡ ♡

5
PRENDRE UN COURS DE CUISINE AVEC UN CHEF

Quand ?
___ / ___ / ___

Où ?
_____

Avec qui ?
_____

Description de l'expérience :
_____
_____
_____
_____

La note que j'attribue : ♡ ♡ ♡ ♡ ♡

6
VISITER
UN MUSÉE D'ART CONTEMPORAIN

Quand ?
___ / ___ / _____

Où ?
_____

Avec qui ?
_____

Description de l'expérience :
_____
_____
_____
_____

La note que j'attribue : ♡ ♡ ♡ ♡ ♡

— 7 —
ALLER VOIR UN FILM EN PLEIN AIR

Quand ?
___ / ___ / ___

Où ?
_____

Avec qui ?
_____

Description de l'expérience :
_____
_____
_____
_____

La note que j'attribue : ♡ ♡ ♡ ♡ ♡

8
FABRIQUER UN CERF-VOLANT ET LE FAIRE VOLER

Quand ? ___ / ___ / ___

Où ? ___

Avec qui ?
___

Description de l'expérience :
___
___
___
___

La note que j'attribue : ♡ ♡ ♡ ♡ ♡

9
ALLER AU BOWLING

Quand ?
___ / ___ / ___

Où ?
_____

Avec qui ?
_____

Description de l'expérience :
_____
_____
_____
_____

La note que j'attribue : ♡ ♡ ♡ ♡ ♡

10
ASSISTER À UN CONCERT EN PLEIN AIR

Quand ? ___/___/___

Où ? ___

Avec qui ?
___

Description de l'expérience :
___
___
___
___

La note que j'attribue : ♡ ♡ ♡ ♡ ♡

11
EXPLORER UNE GROTTE OU UNE FALAISE

Quand ?
___ / ___ / ___

Où ?
_____

Avec qui ?
_____

Description de l'expérience :
_____
_____
_____
_____

La note que j'attribue : ♡ ♡ ♡ ♡ ♡

12
PRENDRE LE TEMPS D'OBSERVER UN LEVER OU COUCHER DE SOLEIL

Quand ? ___/___/___

Où ? _____

Avec qui ?
_____

Description de l'expérience :
_____
_____
_____
_____

La note que j'attribue : ♡ ♡ ♡ ♡ ♡

13
FAIRE UNE RANDONNÉE EN MONTAGNE OU EN FORÊT

Quand ?
___ / ___ / _____

Où ?
_____

Avec qui ?
_____

Description de l'expérience :
_____
_____
_____

La note que j'attribue : ♡ ♡ ♡ ♡ ♡

14
ORGANISER UNE SOIRÉE JEUX DE SOCIÉTÉ

Quand ? ___/___/___

Où ? _____

Avec qui ?
_____

Description de l'expérience :
_____
_____
_____
_____

La note que j'attribue : ♡ ♡ ♡ ♡ ♡

15
PARTICIPER À UNE COURSE À PIED OU UN ÉVÉNEMENT SPORTIF LOCAL

Quand ?
___ / ___ / ___

Où ?
_____

Avec qui ?
_____

Description de l'expérience :
_____
_____
_____
_____

La note que j'attribue : ♡ ♡ ♡ ♡ ♡

16
FAIRE UNE SÉANCE PHOTO THÉMATIQUE EN PLEINE NATURE

Quand ?
___/___/___

Où ?
_____

Avec qui ?
_____

Description de l'expérience :
_____
_____
_____
_____

La note que j'attribue : ♡ ♡ ♡ ♡ ♡

— 17 —
DÉGUSTER DES PRODUITS LOCAUX SUR UN MARCHÉ FERMIER OU DANS UNE CAVE CHEZ UN ARTISAN

Quand ? ___/___/___

Où ? _____

Avec qui ?
_____

Description de l'expérience :
_____
_____
_____
_____

La note que j'attribue : ♡ ♡ ♡ ♡ ♡

18
OBSERVER LES ÉTOILES AVEC UN TÉLESCOPE OU À L'ŒIL NU LORS D'UNE NUIT À LA BELLE ÉTOILE

Quand ? ___/___/___

Où ? _____

Avec qui ?
_____

Description de l'expérience :
_____
_____
_____
_____

La note que j'attribue : ♡ ♡ ♡ ♡ ♡

19
PRÉPARER UN DÎNER AUX CHANDELLES À LA MAISON

Quand ? ___ / ___ / ___

Où ? ___

Avec qui ?
___

Description de l'expérience :
___
___
___
___

La note que j'attribue : ♡ ♡ ♡ ♡ ♡

20
VISITER UNE VILLE INCONNUE POUR UN WEEK-END

Quand ?
___ / ___ / ___

Où ?
_____

Avec qui ?
_____

Description de l'expérience :
_____
_____
_____
_____

La note que j'attribue : ♡ ♡ ♡ ♡ ♡

— 21 —
FAIRE UNE BALADE À CHEVAL

Quand ?
___ / ___ / ___

Où ?
_____

Avec qui ?
_____

Description de l'expérience :
_____
_____
_____
_____

La note que j'attribue : ♡ ♡ ♡ ♡ ♡

22
ORGANISER UNE SOIRÉE À THÈME AVEC DES AMIS

Quand ? ____/____/____

Où ? _____

Avec qui ?
_____

Description de l'expérience :
_____
_____
_____
_____

La note que j'attribue : ♡ ♡ ♡ ♡ ♡

23
PASSER UNE JOURNÉE DÉCONNECTÉE DE LA TECHNOLOGIE

Quand ? ____ / ____ / ____

Où ? _____

Avec qui ?
_____

Description de l'expérience :
_____
_____
_____
_____

La note que j'attribue : ♡ ♡ ♡ ♡ ♡

24
ORGANISER UNE SOIRÉE KARAOKÉ EN FAMILLE OU ENTRE AMIS

Quand ? ...... / ...... / ......

Où ? ....

Avec qui ?
....

Description de l'expérience :
....
....
....
....

La note que j'attribue : ♡ ♡ ♡ ♡ ♡

— 25 —
VISITER UN REFUGE POUR ANIMAUX ET Y FAIRE DU BÉNÉVOLAT

Quand ?
___ / ___ / ___

Où ?
_____

Avec qui ?
_____

Description de l'expérience :
_____
_____
_____
_____

La note que j'attribue : ♡ ♡ ♡ ♡ ♡

— 26 —

JOUER AU MINI-GOLF

Quand ?
___ / ___ / ___

Où ?
___

Avec qui ?
___

Description de l'expérience :
___
___
___
___

La note que j'attribue : ♡ ♡ ♡ ♡ ♡

— 27 —
ALLER À LA PÊCHE

Quand ?
____ / ____ / ____

Où ?
_____

Avec qui ?
_____

Description de l'expérience :
_____
_____
_____
_____

La note que j'attribue : ♡ ♡ ♡ ♡ ♡

28
ASSISTER À UNE PIÈCE DE THÉÂTRE OU UN SPECTACLE EN DIRECT

Quand ? ___ / ___ / ___

Où ? _____

Avec qui ?
_____

Description de l'expérience :
_____
_____
_____
_____

La note que j'attribue : ♡ ♡ ♡ ♡ ♡

29
TESTER UN RESTAURANT OU UNE CUISINE EXOTIQUE

Quand ?
___/___/___

Où ?
_____

Avec qui ?
_____

Description de l'expérience :
_____
_____
_____
_____

La note que j'attribue : ♡ ♡ ♡ ♡ ♡

30
FAIRE UNE BALADE EN BATEAU, PÉDALO, JET SKI OU CANOË

Quand ? ___ / ___ / ___

Où ? _____

Avec qui ?
_____

Description de l'expérience :
_____
_____
_____
_____

La note que j'attribue : ♡ ♡ ♡ ♡ ♡

— 31 —
SUIVRE UN COURS DE DANSE EN COUPLE OU ENTRE AMIS

Quand ?
___ / ___ / ___

Où ?
_____

Avec qui ?
_____

Description de l'expérience :
_____
_____
_____
_____

La note que j'attribue : ♡ ♡ ♡ ♡ ♡

32

PASSER UNE NUIT INSOLITE DANS UN HÉBERGEMENT ATYPIQUE (CABANE, CAMPING, YOURTE, BULLE SOUS LES ÉTOILES...)

Quand ? ___/___/___

Où ? _____

Avec qui ?
_____

Description de l'expérience :
_____
_____
_____
_____

La note que j'attribue : ♡ ♡ ♡ ♡ ♡

33
APPRENDRE À FAIRE DE LA MÉDITATION EN PLEINE CONSCIENCE DANS UN PARC

Quand ? ___/___/___

Où ? _____

Avec qui ?
_____

Description de l'expérience :
_____
_____
_____
_____

La note que j'attribue : ♡ ♡ ♡ ♡ ♡

34

SE DÉGUISER POUR HALLOWEEN

Quand ?
___ / ___ / ___

Où ?
_____

Avec qui ?
_____

Description de l'expérience :
_____
_____
_____
_____

La note que j'attribue : ♡ ♡ ♡ ♡ ♡

35
PARTICIPER À UN ATELIER CRÉATIF
(PEINTURE, DESSIN, POTERIE ...)

Quand ?
___ / ___ / ___

Où ?
_____

Avec qui ?
_____

Description de l'expérience :
_____
_____
_____
_____

La note que j'attribue : ♡ ♡ ♡ ♡ ♡

36
ORGANISER UNE CHASSE AUX ŒUFS OU UNE CHASSE AUX TRÉSORS POUR ADULTES OU ENFANTS.

Quand ?
___/___/___

Où ?
_____

Avec qui ?
_____

Description de l'expérience :
_____
_____
_____
_____

La note que j'attribue : ♡ ♡ ♡ ♡ ♡

— 37 —
VISITER
UN MARCHÉ DE NOËL FÉÉRIQUE

Quand ?
___ / ___ / ___

Où ?
_____

Avec qui ?
_____

Description de l'expérience :
_____
_____
_____
_____

La note que j'attribue : ♡ ♡ ♡ ♡ ♡

38
CUISINER
UNE SPÉCIALITÉ EXOTIQUE

Quand ?
___ / ___ / ___

Où ?
___

Avec qui ?
___

Description de l'expérience :
___
___
___
___

La note que j'attribue : ♡ ♡ ♡ ♡ ♡

39
PASSER UN MOMENT DÉTENTE
(SPA, HAMMAM,...)

Quand ?
___ / ___ / ___

Où ?
_____

Avec qui ?
_____

Description de l'expérience :
_____
_____
_____
_____

La note que j'attribue : ♡ ♡ ♡ ♡ ♡

40
PLANTER
UN ARBRE OU UNE PLANTE

Quand ?
___ / ___ / ___

Où ?
_____

Avec qui ?
_____

Description de l'expérience :
_____
_____
_____
_____

La note que j'attribue : ♡ ♡ ♡ ♡ ♡

41

ALLER AU SKI OU À LA PATINOIRE

Quand ?
___/___/___

Où ?
_____

Avec qui ?
_____

Description de l'expérience :
_____
_____
_____
_____

La note que j'attribue : ♡ ♡ ♡ ♡ ♡

42
PARTICIPER À UNE EXPÉDITION "ZÉRO DÉCHET" POUR RAMASSER LES DÉCHETS DANS UN ESPACE NATUREL

Quand ? ___/___/___

Où ? _____

Avec qui ?
_____

Description de l'expérience :
_____
_____
_____
_____

La note que j'attribue : ♡ ♡ ♡ ♡ ♡

43

ORGANISER UN MINI "ROAD TRIP" D' UNE JOURNÉE SANS DESTINATION FIXE

Quand ?
____ / ____ / ____

Où ?
_____

Avec qui ?
_____

Description de l'expérience :
_____
_____
_____
_____

La note que j'attribue : ♡ ♡ ♡ ♡ ♡

— 44 —
PRENDRE UN BAIN DE MINUIT DANS UN LAC OU À LA PLAGE

Quand ?
___ / ___ / ___

Où ?
_____

Avec qui ?
_____

Description de l'expérience :
_____
_____
_____
_____

La note que j'attribue : ♡ ♡ ♡ ♡ ♡

— 45 —
ORGANISER UN DÎNER DANS LE NOIR
POUR ÉVEILLER LES SENS

Quand ?
___ / ___ / ___

Où ?
_____

Avec qui ?
_____

Description de l'expérience :
_____
_____
_____
_____

La note que j'attribue : ♡ ♡ ♡ ♡ ♡

46
TESTER LE GÉOCACHING
(CHASSE AU TRÉSOR AVEC GPS)
DANS SA RÉGION

Quand ? ___/___/___

Où ? _____

Avec qui ?
_____

Description de l'expérience :
_____
_____
_____
_____

La note que j'attribue : ♡ ♡ ♡ ♡ ♡

47
CRÉER UNE CAPSULE TEMPORELLE AVEC DES OBJETS DU QUOTIDIEN À ROUVRIR DANS 10 ANS

Quand ? ___ / ___ / ___

Où ? _____

Avec qui ?
_____

Description de l'expérience :
_____
_____
_____
_____

La note que j'attribue : ♡ ♡ ♡ ♡ ♡

48
PRENDRE UNE LEÇON DE SURVIE EN FORÊT AVEC UN GUIDE LOCAL

Quand ? ___/___/___

Où ? ___

Avec qui ?
___

Description de l'expérience :
___
___
___
___

La note que j'attribue : ♡ ♡ ♡ ♡ ♡

49
FAIRE UN PUZZLE GÉANT EN COUPLE, ENTRE AMIS OU EN FAMILLE (1000 PIÈCES OU PLUS !)

Quand ?
___ / ___ / _____

Où ?
_____

Avec qui ?
_____

Description de l'expérience :
_____
_____
_____
_____

La note que j'attribue : ♡ ♡ ♡ ♡ ♡

50

TESTER UNE SÉANCE DE FITNESS AQUATIQUE OU D'AQUAGYM POUR S'AMUSER TOUT EN FAISANT DU SPORT

Quand ? ___ / ___ / ___

Où ? _____

Avec qui ?
_____

Description de l'expérience :
_____
_____
_____
_____

La note que j'attribue : ♡ ♡ ♡ ♡ ♡

— 51 —
ACTIVITÉ À PERSONNALISER : LAISSEZ LIBRE COURS À VOTRE IMAGINATION

Quand ?
___ / ___ / ___

Où ?

Avec qui ?

Description de l'expérience :

La note que j'attribue :